Herzbereich

H.A. Tini

Herzbereich

Romantik
2012

Bibliografische Information der Deutschen Nationalbibliothek:
Die Deutsche Nationalbibliothek verzeichnet diese Publikation in der Deutschen
Nationalbibliografie; detaillierte bibliografische Daten sind im Internet
über http://dnb.d-nb.de abrufbar

© 2012

Herstellung und Verlag: BoD - Books on Demand GmbH, Norderstedt

ISBN: 9783848232802

C3 80

VORWORT

Liebe Freunde der Lyrik und Dichter,

Gedichte sind wie Nahrung für Herz, Verstand und Seele. Die Verse, die Sie in diesem Lyrikband lesen, erzählen von Romantik und Liebe, von Reisen und Arbeit, vom Alltagsgeschehen und von Begegnungen mit Gott. Gefühlvolle Zeilen wärmen das Herz, aber auch Parodie und Gesellschaftskritik haben in diesem Gesamtwerk ihren Platz.

Wie Sie sicherlich wissen, ist Lyrik nicht immer ganz einfach. Schließlich steht hier in einigen wenigen Zeilen, was ein Prosatext mit drei- oder fünfmal so vielen Worten ausdrücken würde.

In diesem Band erwartet Sie auch keine schlichte Reimerei, wie Sie sie aus Kinderliedern kennen, sondern es sind anspruchsvolle Gedichte. Manche Gedichte mögen geheimnisvoll klingen – mystisch, expressionistisch, surreal, bisweilen an der Grenze des Sinnhaften. Bizarre Bilder entstehen, manchmal scheinen sie jenseits unserer Logik zu liegen – doch gerade das ist es, was den Reiz der Gedichte in diesem Buch ausmacht: der Versuch, „es" zu verstehen, der Versuch, den Sinn zu erfassen, zu begreifen und dabei zu interessanten persönlichen Interpretationen zu kommen.

Doch keine Sorge: Wem einige Verse und Gedichte zu anspruchsvoll erscheinen, der findet zwischendurch immer wieder Texte, die leichter verständlich sind.

Ich wünsche Ihnen viel Freude mit diesen Werken und vielleicht haben Sie die eine oder andere interessante philosophische Einsicht.

Annette Scholonek

CR 80

CB ED

Inhalt

CB ED

CR ଔ

Herzbereich

CR ଔ

Herzbereich

Eine Vielzahl von Herz von ihr
erinnert mich an die Lebensqualität der Waage.
Mein Überblick auf ihre Tracks,
Nacht, lass mich mit offenem Auge.

Schlaf der Nächte, lass gehen – eh!
Erstaunlichen Dunst in der Seele
das Herz hält versteckt bei ihnen gefangen
in dieser Welt, in einer anderen Welt
dort blieb Zeitlangen.

Lass uns den Felsen erschüttern,
auf uns fallen lassen,
bringen wir den Schnell zum Schmelzen,
nicht morgen, sondern heute!
Eis lässt unsere beiden Herzen gefroren.

Unser Mond lässt uns fliehen
wie eine Wunde, wie ein Schmerz
am sonnigen Tag,
schon als Fee in das Geistes Herz.

Cʒ ⅋ᴐ

Aus der Ferne

Ich sehe den glücklichen Tag
an ihrer Atmung Schwung,
sehe gefrorene Energie
zum Spenden für Alt oder Jung.

Ein einzigartiger Tag
aus der Ferne erinnert mich
an einen Traum des Augenblicks,
der im Herzen bleibt noch heute für sie.

Erinnere dich an sie und genieße sie,
von weitem, die Brillanz
am romantischen Flussufer,
begünstigt von der Landschaft Glanz.

Mit meinen Händen segne ich
aus der Ferne die Spuren,
nehme sie heute noch,
die Energie des Tages, aus den fernen Konturen.

Cʒ ⅋ᴐ

CR ED

Gitarre

Ihr Herz erscheint in der Gitarre
wie der Mond auf ihrer Seele,
in jeder Strophe meines Liedes
stehst du wie eine Perle.

Ich vermisse
in meinem Song
ihren Kuss
am Fluss entlang.

Ihre Stimme
in meinem Traum,
in meinen Armen
am Stern entlang.

CR ED

CℜℬↃ

Voller Lust durch die Nacht

Wir gingen zusammen
mit Liebe durch die Nacht,
mit voller Lust wir singen
bis in des Morgens Pracht.

Wir spielen mit Feuer
wie Jungs von jedem Stern,
spielen auf der Gitarre
mit warmem Blut im Himmel, fern.

Wie das Sonnenauge strahlt die Liebe,
obwohl so weit entfernt,
wie das Sonnenauge strahlt die Liebe,
obwohl so weit entfernt.

CℜℬↃ

Wie tickt das Herz,
so tanzt die Welt,
so liebt uns die Natur
in jedem Land, zu jeder Zeit.

Mit der Augen Sprache,
mit Freude, voller Lust,
wir wärmen und wärmen
uns nachts an ihrer Brust.

CB BO

Die alte Welt

Die Reise in das Land
mit dem romantischen Erlebnis,
ein Urlaub, der bis heute
gut in Erinnerung blieb.

Mit dem Wunsch,
die alte Zeit bliebe,
die früheren Jahre, die Wiederholung
ich in vielen Farben liebe.

Mit dem Wunsch das Treffen
geschah wie damals gleich,
mit Feuer in den Augen,
uns erwartet ein Jahrhundert, reich.

Die Reise findet
von neuem statt auf diesem Feld,
ein Porträt des Traums
wie in der alten Welt.

CB BO

CR BO

Romantische Reise

Ich nahm mein Gepäck
und begann mit dem Flug,
ohne zu wissen, wohin,
zu einem romantischen Ort mit dem schnellen Zug.

Einen Zug, der spiegelt
das Sonnenlicht
auf Sitzplätzen neben mir,
der Schnellzug nach Paris.

Während meiner Zugfahrt
es spiegelt sehr lange,
die Romantik lag
neben mir wie eine Schlange.

Versehentlich saß ich daneben,
ohne zu wissen im Voraus,
dass jener Tag
mich zu einem romantischen Ausflug hat gebracht.

CR BO

CB EO

Seele

Mit der Treppe nach unten,
um meine Seele herumgehen,
möchte ich hören, mein Herr,
wie die Küsse Abend sehen.

Ich träumte
meinen Traum,
den ein ausgewählter,
Abend verspricht.

Bitte heute Abend, lass
meinen Durst, meinen Stern
wie die Seele meines Herzens
in Ruhe wie ein Kern.

Der Mond mit seinen Strahlen
fliegt durch meine Haut,
sie sehen, wollen wissen,
wieso klopft mein Herz so laut?

CB EO

❦ ❧

Gesegnet

Sie fliegen am blauen Himmel,
mein Herz sagt mir, einen Blick, Tag und Nacht
führen sie den unruhigen Stern,
greifen in die Brust mit Tränen, voller Kraft.

Nicht weglaufen, aus den Augen gesegnet
nehmen sie den freien Himmel, den sie treffen,
mit Tränen der Freude
Ihre Sterne
genießen die Welt, heute.

Ich sitze unter dem Baldachin, und ich weiß nicht
jedes Mal, wenn es regnet,
gehen sie von mir
durch Regen
erhalten Schnee oder einfach nur Segen.

❦ ❧

CB ED

Vogelstimme

Stimme des Vogels,
ich höre sie,
wer singt für die Liebe
voller Sehnsucht außer Dir?

Weg von Dir
die Liebe geht
eh! Wie schön,
war perfekt.

Komm zurück,
mach dir keine Sorgen,
so ist das Leben,
läuft heute, kommt morgen.

Liebe ist
wie ein Zug,
wie ein Zug auf Gleisen,
immer Liebe auf den Reisen.

CB ED

∽ ∾

Ihr Haar

Dein Haar ist so nah an der Sonne,
zurück zu meiner Nacht
fliegt es mit guter Laune.

Bring mal in der Sonne Licht
eine Blume auf dem Trockenen
verletzt wird heute nicht.

∽ ∾

ಚಿ ಜಿ

In der Burg

Ich wartete ruhigen Tages,
komme auf die Burg,
um mit ihnen zu entdecken
die Landschaft der Liebe.

Wassertürme fallen,
ich wachte ruhigen Tages,
über uns beiden
das Bild von einem Kuss lag.

ಚಿ ಜಿ

CŁ ŁO

Ein Moment der Ruhe

In der Zeit zwischen Winter
mit Kopfschmerzen
unter dem Schutz
Gewerbeflächen setzen.

Ein Moment der Ruhe
in der Nähe des Rheins
mein Ruf, was fehlt
außer mir keins.

Meine Stimme
beruhigt den Geist, dass
die Heilung der Schmerzen
einen Strahl Licht lass.

Kurze Pause,
die kleinen, und hat
die fehlende Stimme
ihre Stimme, moderat.

CŁ ŁO

꿈 ꩜

Flamme im Herzen

꿈 ꩜

℘℘℘

Momente der Liebe

In der Nacht des Traums
sah ich den ganzen Tag viele Kerzen
Stadt der Liebe,
ihre Haare mit einem offenen Herzen.

Ich sah den Regen
am Abend im Dunklen, viele Schmerzen,
ich sah Tränen an der Seite,
still in meinem Herzen.

Tränen der Freude,
aber der Kuss seitlich
belastete mich
von ihr so herzlich.

Die Drähte der Gitarre,
Liebeslieder,
schmerzhaftes Singen
mit Tränen ein Lachen,
wie herzlich die Drähte klingen.

℘℘℘

C3 80

Flamme im Herzen

Ich möchte mein Feuer sehen
wie meine Seele bei ihr,
öffnet sich der Himmel meines Herzens
voll Regen und Schnee mit Tränen von mir.

Sie löscht den Durst meines Herzens
Flamme des Geistes, mein Stern,
Eis gefriert und der Schlaf des Mondes
wie ein Engel im Himmel fern.

So leuchtend gehen sie bis heute,
Flammen im Herzen wie eine Tränke, klein,
gehen bis heute, heute und Jahre,
was würde diese Welt ohne Dich sein?

Die Sehnsucht des Lichtes ändert
die Seele brennt bei Dir
Dein Herz anregen heute
mit viel Durst Sterne von mir.

Mit Durst von mir voller Sterne
Sehnsucht im Leben heute
Weder Mond noch Erde allein
geben Flamme im Herzen Freude.

C3 80

Der Mond und das Leben

Mond und Sonne heute
sehen mit ihren Augen,
sind sehr nahe,
haben blaue Farben.

Sie zeigen immer
ihre Stimme,
um einfach nur zu reden,
zu applaudieren der Hymne.

Sie singen mit ihrer Stimme,
sie tanzen, spielen und fangen
wie immer
glücklich und zusammen.

Der Mond und das Leben
nähern sich heute,
die Sonne tanzt mit,
sogar mit mir, wenn ich wollte.

Cଷ ଓ

Ihre Beschreibung

Ihre Tränen,
Krone meiner Seele,
Boden des Herzens,
Gedächtnis einer Perle.

Sie ist tief in meinem Herzen,
von Gott steigt
Leben, wie die Liebe
trägt meine Stadt.

Sie hinterließ
trotz der turbulenten Wellen,
ihre Stimme
eine Schönheit, unsere Seelen.

Cଷ ଓ

☙❧

Die Geduld meines Lebens

Ich versuchte sie zusammenzusetzen,
zu entfernen sie vom Staub,
der Ort wird das Freigesetzte,
die Ära der Ordnung, mein Tag.

Die Verlockung des Glücksspiels
auf die Wunde zu lassen,
es zieht wie Gift,
die seltene Gesundheit zerstört.

Stille Nacht,
dcr Kerl, den sie mag
wie einen Stern am Himmel
wird mit einer Rose erscheinen morgen.

Die Geduld meines Lebens
ist ein Leben der Zukunft.

☙❧

Cℜ ℬↃ

Eingesperrte Herzen

Körper und Blätter fallen,
um nicht zu sagen, die Götter
meine Tränen oder den Regen
verschwenden, erstere sogar flotter.

Ich bin verloren
wie ein Traum in der Sonne, heute
heimlich fragten
trotz meiner Schweigepflicht die Leute.

Mit inhaftiertem Herzen
ich rief extrem,
ich bin der Herr
trotzdem.

Cℜ ℬↃ

CʒÐ

Gesang ohne Reichweite

Ohne Gesang die Reichweite blieb,
obwohl ich schrieb Tag und Nacht,
immer wieder schrieb mein Lied,
bei jeder Morgenpracht.

Beim Verlassen ging sie von hier aus
mit einigen Tropfen meiner Tränen,
ich würde Herzen bewässern in meinem Haus
für unsere alten, langfristigen Pläne.

Ich werde nach dem Song fragen, den ich vermisse
für den Bereich Tränen der Freude,
dass du Korrespondentin für mich bist,
sie wissen und höre meine Liebe, herzlich heute.

Ich las den Willen, langfristig zu schreiben,
ich werde singen, morgens in Pracht,
das Herz von Stein mit goldenen Lettern leidet,
Gott akzeptiert, was uns im Herzen lag.

CʒÐ

Mädchen auf dem Markt

Jedes Mal, wenn ich ein Gedicht schreibe
für jeden Bereich, jeden Rang,
fühle ich mich außer in mir auch in dir,
ich sehe der leuchtenden Augen Gesang.

Ich sehne mich nach dir,
100 Mal ist zu schreiben,
nicht ein einziges Mal zu vergessen,
für sie werde ich immer fragen.

Der erste Tag, wie der letzte
mit offenem Herzen am Main entlang,
an einem ruhigen Abend,
das war ein guter Song.

Der heiße Sand

Wie voll von süßem Geschmack
rotierender heißer Sand
mehr ein freier Geist ist,
der den warmen Sand berührt,
ist die Berührung
in Schwierigkeiten voller Verlegenheit gebracht.

Obwohl beim Gehen in der Nähe
lachend und nicht auf der Suche
beobachtet, ohne die Sorge
denkt sie, dass sie sich nicht irrt,
zumindest auf der Suche herzlich fragt.

Der heiße Sand wird gestehen
heute Abend in der Burg,
für diesen Trick
tanz mit dem Song heute Mitternacht.

Mit einem Mond im Auge

Gib mir Träume,
ich erwarte sie seit Jahrhunderten,
um zu brechen meinen Schlaf,
sein Ende.

Gib mir Träume,
das erfordert Herzen
durch den Verzehr des Auges
für dich leben, lieben.

Gib mir Träume,
es war überall zu denken,
mit einem Kuss der Kunst
vergessen sie nie zu schenken.

Gib mir Träume
mit dem Herz des Feuers bald
wird es nicht frieren
im Winter in den Bergen oberhalb.

Die Schönheit eines Mädchens

Zogen meine Gefühle
über die Strahlen der Sonne
Schönheit Mädchen
wie eine prächtige Krone.

Werden gestreichelt
näher meine Krone,
Schönheit Mädchen
ist strahlend wie die Sonne.

Mit meinem Song
ihre Gefühle beleben,
ewig ihre Strahlen,
meine liebe Krone.

CB BD

Kuss

Der Faden meines Lebens
flog so weit,
das bringt selbst eine Spitze
dazu, dich zu küssen

Der Faden Deines Lebens
zwischen Quellen,
klar der Geschmack.
Ich tue es für sie,
einen Kuss für mich.

CB BD

CßßÐ

Restauriert

Von morgens bis abends,
gemalt auf meiner Wand
und der Wiederherstellungsblick
singt, zeigt mit der Hand

Eine Pause
für einen Kaffee
trällert, malt wieder.
Nein! Eine Tasse voll Tee.

Vorsätzlich, obwohl
tun, als wenn er nicht versteht
ihren Trick,
ein Kuss
gemalt wird mit einem Blick.

Für sie gearbeitet haben,
wiederhergestellt,
vollendet,
jetzt ich ruhig bin, befürchte
nicht zu sprechen,
wenn ich schreien möchte.

Restauriert für die Tage
und befasst sich mit Liebe
für sie.

CßßÐ

In der Klasse

Das Auge sieht
heimlich
die Lichtstrahlen,
das Eindringen
aus dem Fensterglas
in ihre Augen.

Der Lehrer lehrt sie,
Liebhaber der Geschichte,
Schüler sitzen
als Zeit-Konzentrierte.

Am Herzen habe ich die Geschichte
des vergangenen Jahrhunderts, so sagte
zu mir mein Herz der Geschichte
in das nächste Jahrhundert mit Fakten.

Themen werden nun leer liegen
um mich nicht zu sehen
Heimlichkeit in ihren Augen.

Ihr Foto

Das Gemalte
wie schön glänzt
das weiße Kleid
mit jeder Art von Farbe tanzt.

Der Herr offenbarte dies Bild
zur Wiederherstellung
für mein Herz,
er schafft ein Bild,
zu bleiben im Fluge
immer unsterblich
als Liebe.

CB EO

Tag der Nähe

Stadt der Liebe
mit dem Kopf als Geisel um ihr Herz,
um das Licht Gottes
zur Blumenfrauen Schmerz.

Da der Mond untergeht,
werden Tränen in den Spiegel wischen,
sie versauen mir das Herz,
Streikrecht, wo liebevoll mein Wesen.

CB EO

CR BO

Mein Garten

Gehen Sie aus meinem Garten, Schöne,
ich arbeite mit meinen Händen,
damit ich erlebe,
den Blick auf Garten Eden.

Gehen Sie
ohne die Vergangenheit,
nur das Beste für Sie –
Herzlich, Ihre Freiheit.

Wo finden Sie die Schönsten
singen das alte Lied?
Genießt die langen Nächte
des unbegrenzten Kusses.

Schalten Sie Ihren Kopf aus,
die ausgestreckten Hände,
es bleibt so gut wie keine Sorge,
gehen Sie aus meinem Gelände.

CR BO

Vogelflug

Flug
in den Bergen, mit
Aussicht, sauber zu sein,
für eine bessere Gesundheit
mit fliegt kein.

Fragte
für ihr Nest im Hochland
fröhlich glänzend,
fühlte heute seltsam entspannt.

Ohne nachzudenken
versprechen, vertrauen,
den Vogel im Käfig
wieder von vorne aufbauen.

In der Burg

Ich wartete ruhigen Tages,
komme auf die Burg,
um mit ihnen zu entdecken
die Landschaft der Liebe.

Wassertürme fallen,
ich wachte ruhigen Tages,
über uns beiden
das Bild von einem Kuss lag.

CŒ ΣϿ

Trennung

Hand auf mein Herz,
Seiten deines Kusses
berührten meine Lippen
ein letztes Mal des Genusses.

Letztes Mal
abgewiesen,
brachte Taschentücher,
ein Porträt sie mit sich führte.

Selbst auf Rädern
von meinen Ängsten
alles offenzulegen,
sie traf ihn als Letzte.

CŒ ΣϿ

CR ED

Wallfahrt

CR ED

C3 80

Wallfahrt

Beginne mit einem Gebet
an meinen Gott zu ihr
reise aus der Ferne
von Lourdes zu mir.

Im Herzen von Bernadette
das Gebet beginnt und trieft,
mit der Seele, mein Herr,
das Gebet zu Euch kommen wird.

C3 80

CR BD

Tochter der Nacht

Ich wachte in der Nacht,
um zu sehen
in der Leichtigkeit des Schlafs
die Luft, die sie atmet und frisch
in die Lunge traf.

Ich fühle
ihre Anwesenheit
überall in meinem Körper,
mit den Augen
dagegen nicht zu sehen, öfter.

Bereits seelisch
Bernadette zu ihnen
immer wieder wird kommen
ohne Angst seit morgen
und in mein Herz, ohne Sorgen.

CR BD

☙❧

Mutter Teresa

Mit euch im Geiste, Mutter Teresa,
mit der Liebe deiner Stimme
ich bleibe verletzt, Geistesmutter
und singe das Lied der Hymne.

Wie gestern so auch heute
bei ihnen und mit ihnen sehr
die Sehnsucht des Herzens im Geist gefroren,
jeden Tag mehr.

Für die arme Mutter Teresa
sie brachten den Stoff der Erde,
für jede eine Kerze,
das möchte sie
mit vollem Herzen.

☙❧

Die Nähe zu Lourdes

Licht bringt mich an sie,
darf man nicht fehlen heute,
wenn die Blüten sich öffnen
zwischen den Steinen am Fluss,
im Regen, in leichtem Nebel
vor mir
mit Liebe
und großem Herz,
mit voller Seele.
In meinen Augen berührte
mein Blick die Altstädte
wie Wasser einen Stein
Tag und Nächte.
Kranken öffnet sich der Himmel,
im Wasser gesegnet
in die Augen schauen,
ins Bett zur Ruhe legen.
Im Auge
Felsen zeigen
Heiliges Wasser
für mich und für dich.

Die Tochter begleitet

In eurem Schoß
sehr schmerzlich
auf den ersten Blick
der Moment genießt herzlich.

Bernadette sieht
mit den Augen die Eröffnung
der Liebe
und die einzige Hoffnung.

Bei dem nächsten Treffen
mit Küssen in das Herz
voller Sehnsucht
sie berührt das Wasser, eine Kerze.

Mit ihrer Seele
genießt sie
Gebetstreffen,
mit den Augen sie liest.

CB ED

Vor ihr

Jedes Mal, wenn ich komme,
besuche ich die Blumen, von dir gepflanzt,
jedes Mal, wenn ich komme,
besuche ich das Haus, wo sie gelebt haben.

Jedes Mal, wenn ich komme,
berühre ich die Wände, die Wohnorte,
ich trinke das Wasser, das sie tranken,
ich berühre die Steine, die ihnen gehörten.

Jedes Mal, wenn ich komme,
spiele ich mit dem Regen, der in ihrem Herz lag,
ich schwimme im Fluss, wo sie Schwimmen lernte,
ich ruhe in dem Schatten, wo sie immer gebetet hat.

Jedes Mal, wenn ich komme,
sitze ich vor dir
und lese ein Gedicht,
das ich schrieb für sie.

CB ED

⚘⚘

Ich fragte um Sie

Ich las Tag und Nacht,
wohin ich auch sah, ein Buch,
ein Manuskript für sie
und ihr Herz lese ich auch.

Ich fragte die Menschen überall,
ob sie etwas mehr wüssten,
erfahren hatten, gehört
über sie als Kind, das ich liebe sehr.

Die Menschen, Besucher,
selbst diejenigen fragte ich,
ob sie mehr wissen,
ich wollte alles erfahren über sie.

Je mehr über sie
ich lese, lerne, schreibe,
desto mehr wird das
mein Herz heilen.

⚘⚘

⚜ ❧

Für ein Gebet

Ich bete für ein Gebet,
das stattfindet
in den Felsen der Betroffenen,
ich bete für euch Leute.

Das Gebet findet statt,
ich will wieder Leute,
ich will wieder beten
für ihre Heilung heute.

Ich bete wieder,
immer, jedes Mal,
von überall nach weit weg
werde ich in der Nähe sein
für ein Gebet, das euch prägt.

Für euch beten,
tausend Mal
hierherkommen
heute, auf jeden Fall.

⚜ ❧

Die Nacht begleitet uns

Der Stadtblick
führt,
besucht
den Wunsch nach Heil,
um zu sehen
den kleinsten Teil.

Die Nacht begleitet uns
mit dem gleichen
Herz begehrt
ohne Ermüdung,
schlaflos, geht
mit dem Wunsch um sich
auszuruhen, mein Gebet."

CR BD

Der Wunsch der Blinden

Beginnen Sie den Weg zu finden,
die Kette von dieser Welt.
Oft regnet es,
keiner fragt, ob es uns gefällt.
Finden Sie den Höhepunkt der Regen
obwohl die Nässe
mich kühl macht
wie einen Geist in den Eisschrank.

Der Moment des Regens,
das Leben des Jahrhunderts,
dass der Kranke erstand
aus dem Wunsch des Momentes.
Der Wunsch der Blinden,
Blindheit die Seele wundert,
blinde Augen
mein Leben verändern.

CR BD

ఆ శ

Beginnen Sie den Faden zu finden,
den der Regenfall in meine Seele tat,
um den Wunsch zu erfüllen,
dass diese Welt einen Sinn hat.
Tag und Nacht stürzen
kleine Beben,
würde sie mir wünschen
weiterhin im Leben.

Es wäre ein Faden,
eine Farbe meines Wunsches, Freiraum,
um diese Welt nicht zu überschreiten
als hoffnungsloser Traum –
als Traum
in die Nacht verschwindet, leer,
die einzige Hoffnung,
ein Trick um das Meer.

ఆ శ

❧ ❧

Vor einem Gebet

Blickt mit den Augen,
Wünsche zu sprechen,
Lippen bewegen sich,
deren Gesichter komplett lachen.

Die kommenden Jahrhunderte,
ich kam, in das ich wollte,
mit meinen Familien
mit freiem Kopf heute.

Wie der Adler ruht,
Berge in den Bergen,
fliegt seit Jahrhunderten,
um sein Nest zu legen.

❧ ❧

Heilung

Mein Blick geht
über den Wanderweg
am Rande der Stadt –
eine Stadt, die mehr
in meinem Herzen
als Herz
meiner Stadt liegt.

Bewegen Sie den Blick,
die Augen,
mit Sehnsucht erfüllt sein,
ihr Porträt
im Laufe des Tages,
die Heiligen
für alles, wofür
ihr seid,
spricht selbst die Seele.

CRISO

Meine Mutter

Ich habe Schmerzen und eine Sehnsucht,
Ich habe eine Hochzeit und eine Freude,
Ich habe eine Träne im Auge.
Auf einem Tisch, auf Toast gelegen,
auf einem Kopf mit einer Hand
wie Wasser im Hochland.
Sage ihr, mein Gott,
die Welt, der ich angehöre,
daran erinnere ich mich
mit Sehnsucht an meine Mutter.

CRISO

Mein Gebet

Heute Abend voller Sehnsucht
mit ganzem Herzen
mehrmals
ein Gebet für sie, eine Kerze.

Ein Gebet ich begann
bei ihnen, eine Kerze,
stillschweigend
geschrieben in meinem Herzen.

Und wir beginnen
dieses Jahrhundert, glauben
für mich
an die Heilung der Augen.

꧁ ꧂

Vor dem Eintritt

Am Eingang der Stadt
ich sah das Auge,
Regen, der fiel
in dichtem Nebel,
Augen, die leuchten,
um zu sehen was
Schönes, das sie von uns möchten.

Die glücklichen
bald sich treffen,
Menschen im Regen,
verheilt, erfreulich
sind wir hier
und sehr glücklich.

꧁ ꧂

CR ßO

Schmerzlich

Kurz nach Sonnenuntergang
ein Schatten erscheint,
beruhigt das Herze,
Zeichen der Güte,
der Liebe, eine Kerze.

Für Kinder wie
Blumen vom Himmel,
ohne zu wissen die Wahrheit
eines Flugzeugs,
ihr Spiel wie
an sonnigem Tag.

Ohne ihren Willen
es kommt die Nacht
schmerzlich für den Schlaf,
keiner hat gedacht.

CR ßO

C*3 ℰ*ℭ

Lieben Gotts

Ich habe nicht dagegen, geht
mit schweren Lasten
auf meinen Schultern,
ich fahre durch die Straßen.

Ich dachte nicht den langen Weg
an die Monotonie des Reisens täglich,
aus dem dichten Verkehr
der Regen fällt kontinuierlich.

Ich dachte nicht an das Reisen
lang durch Paris, förmlich
Stadt der Liebe,
Jahrhunderte unvergesslich.

Ich dachte nicht in Kilometern,
zahlreiche Paris-Lourdes,
Gedanken während der Fahrt
galten der Liebe Gottes.

C*3 ℰ*ℭ

Gelbsucht

Müde, sagte ich
meinem Flussbett,
Spracherkennung, umgekehrt
mein Verstand.
Die Schuld
fasst die Sehnsucht der Nacht,
die einzige Sprache des Mitgefühls
erfrischt mit einem Wort.
Mehr wird erwartet in der Nacht,
ein zweites Leben, allein
mit einer Kerze, um zu sehen
Wasser, um die Gelbsucht
in der Nacht zu löschen.
Gebet der Nacht Wunder.

＆ ∞

Eh! Papa

Ich möchte meinen Kaffee am Morgen
mit Regen und Nebel,
der uns begleitet
beim Essen und Trinken
mir ihr
wie mit allen Kindern,
Gebet für mich.
Eh! Papa.
Hier bin ich bei ihnen,
begleitet mich,
ich habe Blumen neben
ihr an der Seite, werde in ihren Armen
mehr als mir lieb ist,
in Ewigkeit
herzlich
und sie blieb.
Eh! Papa.
So wird es immer bleiben,
ich bin bei ihr,
außer in den Momenten,
wo sie betet für mich.

＆ ∞

CB EO

Irdische Prüfung

CB EO

Irdische Prüfung

Mit dem Wunsch geboren,
Gelegenheit zu sehen,
mit der Fähigkeit,
der Verantwortung zu entgehen.

Geboren um die Stärke
um die Kraft zu messen,
geistigen Widerstand
auf unser herzen.

Eingereicht am Boden,
um zu bestehen
die irdische Prüfung,
Geduld, vor allem zu sehen.

Mit einer für jeden Mann, jeder
das Land bringt zum erfolgreichen Abschluss,
mit Ihrer Vision,
mein Herr.

Welle meines Lebens

Auf meinem Gewissen
durch turbulente Wasser im Regen
ich erwartete spannend
die Wellen meines Lebens.

Knall auf die Wellen,
auf scheue Fische,
ein Boot von blauer Farbe,
wirft Schatten auf meine Frische.

Mein Blick auf die grüne Linie
wartet auf unbestimmte Zeit,
ohne Schlaf
sehr müde sich zeigt.

Sie kommen nackt
ohne Bewusstsein hierher
mit Freude, großer Freude
kommen sie zu mir.

Cฆ ๕

Die Enge der Nacht

Angesichts des Langen, Dünnen,
das die Schatten der Nacht verhindert,
ich fühle, es passt zu mir,
die Schärfe des Schwertes lindert.

Verlassen, Vorhang, langsam
an den Wänden von Gott
verlassen, alles ohne Worte
mit Liebe, Mädchen flott.

Mond, langsam steigt
der Geschmack zum Kiss The Girl.

Gewässer fällt klar,
Junge mit dem lockigen Haar.

Cฆ ๕

CRASO

Das Leben der Entfernten

In der Nähe der Veränderung von Jahren,
Eiche,
moderne Städte,
auch das Gespräch.

Wenn die wilden Tiere,
wenn wir, die Menschen,
wenn die Gebäude,
wenn die Enttäuschung.

Steine, die das Wetter beeinflusst hat,
noch schaudern.
Ich entkam
der Statue auf der Brust.

CRASO

Tapfer

Nicht aus dem Nebel erscheinen,
nicht gehindert vom Alter,
das hinterlässt einen
verschwendeten Kuss
singt das Lied
der Freunde im Herzen Fluss.
Der Krieger sprach
für das Leben,
Gesundheit
für den Kampf, seine Leute
für Krankheit,
für verlorene Freunde.
Einsamkeit,
viele Dinger,
für Eltern
viele Kinder.
Die Tränen kamen,
wenn sie sprach,
heute wenn
ich ihre Liebe sah.

C8 ∞

Suche

Küss
ihr Herz weg,
Start der Reise
Schüttelt der Nachtkuss,
der Rauch
Schneefall, Kälte
Schatten decken Schlachtfelder
rote Balken auf offener Straße
die Patienten
der Jahrhundert-City
Rauch, Abdeckung
Menschen
kein Lächeln
Schatten, verlorener Ausblick
ohne Sonne
keine Wärme
Fenster platzen
neben Blumen
Menschen sprechen
Lippen platzen
Gehirn ist schuld
nach Rauch
Geschmack
der Gesegnete
nach Küssen
und Lachen
verschwunden war.

C8 ∞

Die verlorene Stadt
erwartet Regentropfen
Broschüre, Karten
stilles Flugzeug
Visual Edge
Finger der Siege
löschte den Durst
Schlaf
Streunende träumen
von Liebe.
Schließlich Frieden.

Cଓଣ୍ଡ

Fisch-Neid

Ich beneide
ihren Stolz
im Wasser
mit ihrer Rasse.

Wieder und wieder
beneide ich sie,
sie sind großartig,
ihr Schwimmen, ihr Spiel.

Feine Fische,
deshalb beneide ich
ihre Freiheit,
ihre Augen herzlich.

Cଓଣ୍ଡ

Politiker

Sie Schwimmen im Rhein
wie rote Balken,
zerstören deren Gesichter,
ich sah seinen Schatten.

Viele ihrer Farben
sind wie Hinweise auf sündige Taten,
gestrickt auf dem Grat
einer Kreuzung ist sein Schatten.

Der Geist des Menschen
an einem Tag, sein Schatten
wie ein Rahmen
um den reifen Garten.

❧ ❧

Schäfer

Gesichter, gemalt
in den alten Hütten
wie Hauptstädte
nur einige Puten.

Blätter fallen traurig,
das alte Lied beginnt,
sah unter den großen Hosen
kleine Füße sind.

Ich dachte, die Flöte
die ich hatte von einem Schäfer
nun aber heute sein Lied,
seine Lieblingsblätter.

❧ ❧

CʒᴃꙨ

Präsident

Ich begann zu glauben, an dem Horizont,
der uns umgibt,
die Nacht macht, um uns zu beruhigen,
Tag und Nacht wie eine Blumensicht.

Im Vertrauen – warum nicht? –
der Mensch an diesem Tag
bringt uns Bürger dazu, ihn zu lieben,
Tag und Nacht mit Tränen des Jahrhunderts lang.

Im Vertrauen – warum nicht? –
der Mann mit voll verschwitzter Arbeit,
erkennt seine Jahrhundertvision,
die schönste Entschädigung dieser Zeit.

Entschädigungen vor dem Abflug,
Vergütung der Arbeit
im Vertrauen – warum nicht?
Die Entschädigung für den armen Mann,
unser Geliebter, ab heute Geld in Sicht.

CʒᴃꙨ

ೞ ೲ

Stolz auf Dich

Für den nächsten Tag,
dass keiner von uns weiß,
für eine weitere Nacht,
dass keiner von uns weiß
von der Umarmung, eine weiter
wie ein Kind,
niemand weiß es,
ich bin stolz auf Dich, alles beginnt.

ೞ ೲ

cȝ ℰↄ

Der Arme – Hartz-4-Parodie

Seit ich arm wurde,
wie glücklich bin ich,
ich setzte mich zur Ruhe,
wie gut es ist zu leben.

Wie funktioniert der Verstand,
wie glücklich bin ich,
da ich nicht verstehe,
wie der arme Mann lebt.

Die Armen leben Tag und Nacht,
genießen die Ruhe,
Lieben in den Tag
und Lieben in der Nacht.

cȝ ℰↄ

CB EO

Da ich nicht glaube,
die Welt ist für die Armen,
es ist Zeit zu leben, wie es einem gefällt
in der Phantasie, wie es ihr einfällt.

Wie gut ist die Armut,
ich habe Zeit, um mit meiner Frau zu reden,
für das Gespräch mit meinen Kindern.
Ich rede mit Vater und Mutter,
mit Großvater und Großmutter,
viel besser es erscheint, arm zu sein.

CB EO

Mein Lebenslauf

Blumen erfüllen mich,
sie besitzen mein Leben, auch
beten sie
herzlich in meinem Lebenslauf.

CR 80

Mein Schatten

Lässt sie fallen
mit dem Alten
wie Federn
ihre Schneiderei
mit grünem Garn.
Da wird uns erzählt
zurückzunähen, besticken,
herauszustellen des Baumes Ansicht,
um ehrlich zu lachen.
Die beiden zogen
weg,
Leuchtkäfer unter einem Schatten,
unsere Schatten Gottes.

CR 80

Anspiel

Mit dem, womit ich auch alleine spiele,
Raum zwischen meinen,
ihr Umfang der Deckung,
ich hoffe auf meinen Platz, Schattierungen.

Mit dem, womit ich auch alleine spiele
ohne die Schatten deiner Spitze,
Vergesslichkeit, Verlust des Spieles,
der Verlust ihrer Härte.

Auslassungen von Wolle byzantinischer
Versäumnisse der Wiese Bewässerungen,
Unterlassungen des Fahrens mit Schmerzen
aus den Augen verlor ich den Raum.

Punkte der Bewässerung,
Vorwegnahme der Auferstehung
ohne die Seite des Pessimismus
das Spiel beginnt auf dem Platz.

CR &

Glatze

Ich fragte mich, ob sie Gehen
für mich sich lohnt,
obwohl ich wusste,
dass sie nie vorkommt.

Ich wollte mehr,
weil ich habe gekannt
ihren Stolz, sie sagte es
immer voller Lust.

Ich fragte sie
nur einmal,
dann habe ich gehofft
auf ihrer Krone Strahl.

Frage,
ich war einer
mit Glatze.

CR &

ॐ

Die Aufrichtigen

Der Anruf,
wenn sich ihre Anforderungen
erfüllen.
Nun rufen sie
für das Fest,
für den Tod,
für das Geld,
obwohl ich
bin arm.

ॐ

❧❧

Einsam

Allein stehen,
allein fühlen,
hören und spielen.
Eine Stimme,
verlassen, Tränen fielen.

Voller Emotionen,
gestern und heute noch
fühle
im Herzen ein großes Loch.

❧❧

C８ ８０

50 Jahre Arbeit

C８ ８０

ରେ ଟେ

Arbeitsplatz

Um 2:00 Uhr nimmt den Zug der Zeit
am Morgen
mit Befürchtungen, dass der Fahrer
fährt schläfrig.

Reisen mit der Bahn,
um die Spuren der Geschichte
daran zu erinnern
neue, alte Berichte.

Eine halbe Stunde Reise mit liebem Frühstück
durch die Jahrhunderte erfolgt dann,
der Arbeitstag das ermöglicht,
jetzt gestartet werden kann.

ରେ ଟେ

50 Jahre Arbeit

Was würdest du sagen,
50 Jahre
der Vergangenheit
langwierig sind.
Etwas zu sagen,
darüber zu denken,
an Fehler,
Gerechtigkeit.
Für das Gesetz
zögern sie nicht,
sagen sie es jetzt.
Ich habe es in meinem Teil
Land für dich getan,
richtig oder falsch,
trotzdem, das war ich.

C3 80

Gute Arbeit

Verlassen ich ging überall zu fragen,
überall, wo sie waren zu sehen,
Wunder, der friert, bis
ich sehe den Tag,
eine Kreation, die erstaunlich ist.

Leicht gemacht
beginne ich den Tag,
was ich sah gestern,
nach einiger Zeit dort ich habe
zufrieden die Kreation verbessert.

Morgen wir kommen zufrieden,
was ich heute gesehen habe
auf den ersten Blick am Morgen,
Visionär, eine schöne neue Aufgabe.

Und wenn die Begrüßung heute
wie der Morgen zunimmt,
Glückwunsch an die Leute.

C3 80

CƆ ßꝺ

Meine Arbeit

Zurückhaltung,
einige Räder langsam drücken,
Kunststoffabdeckung
mit vielen Lücken.

Des Lebens
einziger Nachweis
als Quadratwurzel,
Farbe Weiß.

Die Schultern,
ähnlich dem Druck,
einer nackten Schildkröte,
meine Farbe, mein Glück.

CƆ ßꝺ

Hof Sheriff

Mit der Landschaft
der Tag,
vom dem Regen
langweilig,
fällt auf den Kopf
als eine Folge von Felsen.
Der Hof zeigt einen Sheriff
namens Kan,
er entpuppt sich als Kapitän,
aggressiv
mit einem Auge
in dem Hofbereich sah
Sheriff Kan
einen Sultan-Pascha.

Rangierer

Sie haben das Recht
wer weiß
von wem.
Drehen im Hof,
ohne bewusst zu stehen,
zu tun, was
müde ihnen
in den Kopf kommt.
Sie kamen zu
jeder Zeit in die Not,
Nebel, Schnee, Regen,
außer sie sitzen,
wo sie stehen,
Balladen singen,
trinken und gehen.
Bewegung
retten
in dem Jahrhundert,
denken sie daran,
Rangierer,
unser Lieblingsmann.

Müdigkeit

Keine Änderung,
das macht mich müde
als plötzlich ein Blitz
in meiner Seele Liebe.

Das bringt mir
einen Tag ohne Sonnenschein,
in mir ein Leuchtkäfer,
in der Dunkelheit der Nacht allein.

Das strahlt,
es war immer wieder
wie die Geschichte des Jahrhunderts,
die erste von dir zu hören in Liedern.

Keine Änderung,
Müdigkeit hat mich
denken und sehen lassen,
im Hintergrund seid Ihr.

⚭

Nachtfahrer

Ich fuhr in der Nacht
mit der Absicht,
zu werden ein Teil des Tages.
Ich fahre in der Nacht
mit der Absicht,
zu sehen die Stille,
den Mond
und um ruhig zu sein
nach der Müdigkeit des Tages.
Ein Objekt ich sehe
mit den Augen,
ein gutes Gefühl, nicht verpassen
in der Mitte der Nacht
auf den freien Straßen.

⚭

Ein Teil meiner Reise

Zwischen meinen Rahmen
die Ausflüge,
wie das Kaninchen schläft auf Schnee,
auf Reise mit den Zügen.

Reise
gestern und heute,
wie das Kaninchen im Regen
geht, ohne Grenzen.

Wie den freien Himmel
genießen sie die Reise,
wie ein Traun voll Kaninchen
ziehen sie ihre Kreise.

C3 &0

Mein Abend

Mein nächstes Treffen
der Auferstehung
fällt bei mir
wie
Angst vor einem Lächeln.
Sie wird wach
plötzlich wie
Feuer auf Felsen.

C3 &0

Tagesfahrer

Wünschte, ich würde
haben einen ruhigen Tag
in meinem Leben,
zu paddeln in den Frieden.
Ohne Angst,
nutzlose Arbeit,
ohne Stau,
der vorne und überall.
Um ihre Meinung,
Mann,
ich bete zu Gott,
um zu verstehen uns
eine Zeit.
Ohne Hoffnung,
sich zu beschweren,
ohne Ironie.
Nun, mein Herr,
Fahrer des Tages
voll und leer.

Cℬℬↄↄ

Wettbewerbsfähig

Ich antwortete nicht,
ich bin nicht in dieser Farbe,
ich bin nicht in der Mitte,
das Objekt meiner Lage.
Respekt
für jeden,
für seinen Charakter
in der Luft, die uns umgibt,
das liebe ich sehr.

Cℬℬↄↄ

Wäscher

Ein Traum an sonnigen Tagen
des Landes
für Jugendliche,
für der Liebe alle Fälle
um zu schließen,
tanzt bei heutigem Befehle.
Wie man süß ist,
meine Liebe
mit Sehnsucht
hier neben mir
mit Tränen
von meinem Auge,
eifrig mein Klavier.
Zu geben Sterne,
die klar zu erkennen sind,
das sieht jeden Tag –
eh! Meine Liebe spricht.

＃

Stau

Krankheit
für den Fahrer,
der psychisch lag
und nervös
jeden Tag.
Im Regen,
im Schnee
am sonnigen Tag
eine Aufgabe
eine Aufgabe
für ihr Wunder lag.
Der Wunsch
der Fahrer
am Herzen lag,
gestern, heute noch
und jeden Tag.

＃

CB EU

Packer

Sie beginnen,
wenn der morgen kommt,
sie jagen
ein Herz durch den Mond.
Jeden Tag
den Rücken fühlen,
jede Nacht
den Kopf kühlen.
In der Nähe
so süß,
wohlfühlen,
sei gegrüßt.
Ihren Mond
lassen sie erkennen,
ihre Zeit
anerkennen.

CB EU

CB EO

Chef

Sie verpflichteten sich zur Aufgabe
wie gewünscht,
ohne kritische Fehler,
Visionär.
Sie erinnern
der Vergangenheit,
verstehen
das Jetzige,
gewinnen
die Zukunft.

CB EO

Die Wiederholte

Von den Tagen wiederholt,
gleiche Monotonie der Arbeit,
Kopfschmerz von
Betonen, unübertroffen.

Kopfschmerzen
sich mit der Zeit wiederholten
mit Wind und Regensturm,
weiterhin so gnadenlos.

In meinem Kopf
traf ich sie wieder,
Diskussion, um sie zu sehen
als einen Punkt, nicht zu vergessen.

Ich denke nicht an Schmerz,
ich denke nur an Sie,
ich werde wiederkommen
mit meiner Poesie.

Fahrer

Richtungen fährt man,
man weiß nicht, wie es losgeht,
tanzt durch die Nacht,
wenn die Sonne untergeht.

Krank, müde, Risiken
Tag und Nacht,
für Kinder
jeder Kreis einen Traum hat.

Verständnis
für die meiste des Lebens,
heute noch
begünstigt wurde
jeder im Loch.

Schmerzhaft
der Dankbarkeit Zelt,
füllen Sie bitte
herzlich diese Welt.

CK ꙮ

Armer Kerl

Mit Taschenuhr
die Hände des Jungen.
Der Junge
verschiebt
Wagen
als Belader
die müde
etwas mitgebracht
und Duzend weitere folgen.

CK ꙮ

CB ED

Kunde

Sie nennen heute,
sie besitzen den Namen,
das wissen sie,
sie haben den Reichtum,
ein Wort, einen Schatten.
Sie verdienen heute
ein Herz von mir,
morgen so weiß
wie weißes Papier.

CB ED

CR ℬℭ

Freunde der Nacht

CR ℬℭ

CଃBC

Ein Teil

In meinem Körper
ein Stück der Schönheit,
das blieb
ihre Erinnerung, in Ewigkeit.

Ihrer Meinung nach
die Welt akzeptieren,
finden sie in meiner Seele
ein großes Herz zum Absolvieren.

Sie hören
ein neues Jahrhundert,
lebenslange Sehnsucht
zur Erneuerung.

Verstehen sie die Welt,
die breite
Zukunft
ihres Lebens.

CଃBC

Freunde der Nacht

Lippen des Schocks
zwischen Wasser im Herbst
ich lache mit Ironie,
bis die Nacht, der Tag kommt.
Rudern die ganzen Freunde
mit Ferrari- und Eisenrädern,
Lippen fallen, die Räder der Seele,
dass die Liebe findet Ironie.
Rudern, die ganzen Freunde
für Geschäftskammern, die Jungfrau
für die Kammer des Wettbewerbs
Eröffnung, die Erwärmung des Blutes.
Eine Entzündung liegt wie ein Schatten
Kindheit, um als Klopfen im Boden
im Morgengrauen zu kommen.

Ein Freund geht nach der Wahrheit sehen
sehen, die seiner Meinung nach für den Verlust
eines einzigen Leuchtkäfers gilt, er küsste mich auf die Stirn,
in den Straßen voll Unterdrückung fällt der Kuss.
In der Dunkelheit der Nacht, Sonntag,
Brand des Freundes Schattens,
der Freund hat das Recht
es war unser Nacht.

Träume

Gekommen war der Sommer
Leute lachten und genossen
war keine Geschichte
Staub erhebt sich
wie in der Sahara
kein Regen, kein Abtropfen auf all.
ihrem
Horizont
ich hatte neben mir
um nicht zu wecken
per Telefon
um nicht zu wecken
den Lärm von Flugzeugen
um nicht zu wecken
zu verlangen, der Herr
im Paradies bleibt
immer bei mir.

C3 80

Die Lady und der König

Bewerben für den Garten gehen,
an den Rand der Nacht, mein Süßer.
Nicht atmen, wenn ich treffe
den Sänger meines Traums, meine Bilder.

Östlich der Sonne ihre Strahlen,
solange ich küssen wollte.
Herzlich umarmen im Mondlicht,
solange die Flamme meines Traumes schmollt.

Küsse, verpasst des Meeres Rand,
die lokal gegossen
am Feuer entlang
und täglich verflossen.

Der Vogelgarten nachts,
wenn niemand es wagt zu küssen,
König und Ladys
in meinem Gartenland,
ihr gehen, nein bleiben müsst.

CB 80

Cʒ ꙮ

Lehre

Woher weiß ich das Ergebnis,
das bewusste Herbeiführen lag
begleitet vom Bewusstsein
im Herzen an jedem Tag.

Wie ich verstehe die Freiheit,
Wort der Haftung, mein Garten,
um zum Herzen zurück
mit Tränen darin, ohne anzuhalten.

Einer in dem offenen Himmeln,
wie ich verstehe die Demokratie
der anderen im Himmel, um zu beschließen
am Ende des Jahrhunderts kommt die Strategie.

Woher weiß ich, wann und
der Kinder Tätigkeiten,
der Meister Lehre
und der Helden Fähigkeiten???

Cʒ ꙮ

Cℨ ℬↃ

Wanderarbeiter

Ich nannte nicht
die Farbe meines Treffens,
aber ich sah sie
irgendwo in der Mitte meines Lebens.

Cℨ ℬↃ

C33 80

Der Unsägliche

Sagen mir bitte,
was ich nicht sagen kann,
mit der Überzeugung,
um im Herzen dich zu tragen.

Lasen Sie die Seele,
ohne dem Anstieg,
kämpfen Sie heute
morgen gibt es keinen Sieg.

Das Unsägliche sagt man
nur einmal,
die Releases heute,
die Auslöser für alles, für jeden Fall.

C33 80

CB ℰↃ

Ironie

Wind
verweht alles,
was er brachte.
Die trockenen Bäume
an der Seite der Straße,
Straßen mit Eiche,
das Gras verdorrt,
schöne Spiele
an diesem Ort.
Spiele im Leerlauf,
nur Spiele,
erscheinen in der Sonne,
Ironie, ohne Ziele.

CB ℰↃ

ରଙ୍କ

Unfall

Wenn Regen fällt
bei Nebel
durch Schnee,
da bin ich,
mein Herz tut weh.
Bei Sonnenblick
fragt ich
später
nach schwerem Unfall.
Gekommen ist
Der erste, sprach
die Stimme,
meine Auferstehung ich sah.
Ich sehe,
stattgefunden hat
mein Gebet,
mein Herr,
Danke, mein Freund lebt.

ରଙ୍କ

☙❧

Wetter

Wenn man sich langweilt,
sieht man im Fenster Regen,
regnen, Glastropfen,
die Kraft fehlt,
um die Stadt zu decken
mit dem kleinen Schirm.
Das blieb
von den Großeltern
und ich möchte es bewahren
für Enkelkinder,
das war nicht genug
für den Schutz der Stadt
bei dem Wetter.

☙❧

※ ❧

Der Unerwartete

Um zu stürzen
mit geschwärzten Zähnen,
wie Felsen überqueren den Sumpf,
nicht erkennt die Reinheit.
Sprache des Gelösten,
man fühlt sich dumm,
wenn sie die Spiele kennen
von Menschen, ihren Geliebten.
Durch Ermüdung des Tages
mit Recht verlangt,
bringen sie ihre Reisen,
die heiligen Hände.

※ ❧

Antike

Brücke auf Brücke
er überquerte den Fluss,
Stein auf Stein
die Burg gebaut muss.
Die Straße sind sie gegangen
wie das Licht der Kerze,
das Licht der Lampe,
wie strahlt das Herze.
Ihren Schatten
sie so sehr liebt,
steht wie ein Felsen,
ihn heute zu sehen gibt.

※ ※

Altstadt

Bunte Musiker
in der Altstadt
voller Menschen,
die Ruhe der Stadt
schien klein zu sein.
Felsen vor ihnen,
Städte als Festung
mit alten Steinen
ein Besuch der Stadt,
antike Kultur,
Stein auf Stein.
Menschen bauten
mit zahlreichen Mann'
die alte Stadt,
solang ein Mann kann.

Autor:
H.A...Tini

※ ※

CB EO

CB EO